AF470159

1027-75 ja Tromsø 1028-75

(330[a])

CATALOGUE

ESTAMPES

DE DIVERSES ÉCOLES

PIÈCES HISTORIQUES, CURIEUSES

PORTRAITS

Classés par graveurs, par noms et qualités de personnages

DONT LA VENTE AURA LIEU

HOTEL DES COMMISSAIRES-PRISEURS

RUE DROUOT, 5, SALLE N° 7

Le Samedi 8 Novembre 1873

A UNE HEURE PRÉCISE

Me **DELBERGUE-CORMONT**, Commissaire-Priseur, rue de Provence, 8,

Assisté de **M. VIGNÈRES**, marchand d'Estampes, rue de la Monnaie, 21 (ancien 13), à l'entre-sol,

PARIS — 1873

CONDITIONS DE LA VENTE

L'ordre du catalogue sera suivi.

La vente sera faite au comptant.

Les Acquéreurs paieront CINQ POUR CENT en plus des enchères.

M. VIGNÈRES, dirigeant la Vente, se charge des Commissions.

NOTA. Toute commission, sans prix fixé ou sans limite déterminée, sera regardée comme nulle.

M. VIGNÈRES se charge de faire marquer les prix aux Catalogues des Ventes qu'il a faites. Les personnes qui le désirent peuvent s'adresser à lui *franco*.

Plusieurs Amateurs éloignés en ont reconnu l'utilité pour les guider dans leurs achats sur les valeurs des Estampes.

Les Catalogues des Ventes à faire seront envoyés aux personnes qui en feront la demande *affranchie*.

AVIS. — Nous prions MM. les Amateurs éloignés de ne pas attendre au dernier jour, pour que les lettres arrivent le matin de la vente; ils comprendront que quelques lettres peuvent se lire, mais de 20 à 50 lettres, c'est difficile.

Choix de Catalogues avec prix marqués.

M. VIGNÈRES se charge des Commissions dans les Ventes de Livres et Estampes autres que les siennes

				41 %			
payé	Mourier	791	,,	324	31	463	05
	Montages			3	65		
				327	96		
payé 21 Nov. 1873.	Lelievre	81	50	33	41	47	35
	Montages				75		
				34	16		
payé 29 Déc. 1873.	Chambeyron	61	50	25	21	36	30
	Montage				15		
				25	36		
17 Juin 1874	Picot avec 344=	46	25	18	96	27	30
20 Janv. 1874	Ogier	18		7	38	10	60
	id	12		4	92	7	10
11 Juin 1874	Avenin avec 335e	11	50	4	71	6	80
	Chauvet	6	50	2	66	3	85
		1028	25	421	56	602	35
					montage	4	56
		1027	75	422	60	606	80
						605	15
	Pertes		50	1	05	1	75

Lind 2 50

Rot 5

Gros 1,25 Lind 4 50 Berard 5

Gros 1,25

Gros 4 25 Lind 11 Hoguer 15

(330•)

CATALOGUE

ESTAMPES, DIVERSES ÉCOLES

PIÈCES HISTORIQUES, VIGNETTES

1 **Agricola.** Tobie et l'Ange, Joseph expliquant les songes, etc. 3 charmantes petites pièces.

2 Album de tous les pays, par d'Hastrel, Egypte de Maxime Ducamps et autres. 25 p.

3 **Artiste** (Choix de pièces de l'), par Dupré, Calame, Girardet, Lemud, Marvy, Roqueplan, etc. 30 p.

4 **Bois anciens.** Emblemeta Sambuci. 38 sujets sur 26 feuilles.

5 **Boucher** (D'ap.). L'École domestique, la montreuse d'Ours, Cythère assiégée, etc. 4 p.

6 **Breughel** (D'ap. P.). La maigre cuisine, T. G. *excudit* : nombreuse Famille, d'une maigreur caractéristique, pièce curieuse. Petit in-fol. en travers.

7 **Canot** (D'ap.). Le Souhait de la bonne année au grand papa, par Le Bas. Belle ép.

8 **Caricature** (Musée de la). 27 p.

9 **Claessens.** Le Rieur, d'ap. Hals, les Amours, de J. Steen, Judith, etc. 6 p. Sup. ép., avant la lettre sur chine.

10 **Corrége** (D'ap. le). S. Catharina, par Ant. Capellan. Romœ, 1772. In-fol.

11 **Desclaux.** Le Moine en prière, d'ap. Zurbaran. Superbe ép., avant toute lettre. Toute marge.

12 **Eaux-fortes** de Boilly, Louis Leroy, Lalanne, Argenteuil. 3 p.

13 — italiennes. Vierge, Jésus et saint Jean.

14 **Eaux-fortes**, par Gessner, C. Nanteuil, Rambaud, don Fernando, roi de Portugal, etc. 10 p.

15 **Ecole flamande.** Décolation de saint Jean, par le comte de Goudt. — Diane d'Hollar. — Saint Hubert de Wiérix. — Vierge. — Sujets bibliques. 5 p.

16 **Ecole française.** Le Moulin joli, par Marg. Lecomte. — Mort de Senèque de Peyron. — Laocoon de Saint-Aubin, etc. 9 p.

17 **Ecole italienne.** Jugement dernier, d'ap. Michel-Ange, et bas-relief. — L'Automne, d'ap. Guerchin. — Paysage, d'ap. Carrache. 4 p.

18 **Flamen.** Emblèmes, et la fortune de Callot. 30 p.

19 Galerie de Florence et autres. Andromède. Suzanne, Vierges, etc. 18 p.

20 **Granville.** Pièces tirées de la Caricature. 6 p. grand format.

21 **Hervilly** (Mlle d'). Général de Fernig. — Lainé de Villevêque. — Le Fandango. — La Mouche, etc. 7 p. lithog.

22 **Hogarth** (D'ap.). Caricatures anglaises. 24 p. in-8.

Lied

Groj 2.50

Lied

Lied Groj 4 50

Deschamps 1.50

Groj 6.25

Lebouche 3 2 Gros 6 50

Lied 4

M.D.C. 8

Deschamps 3

23 **Huret....** La vénérable mère Madeleine de saint Joseph, religieuse de l'ordre de Nostre Dame du mont Carmel...., décédée le 30 avril 1637. Joli portrait in-8. Belle ép.

24 — Assomption de la Vierge, **David**, saint Hugo, etc. 5 p.

25 **La Belle.** Cartes à jouer : rois de France à cheval, avec leur biographie, en 6 ou 8 lignes. 16 p.

26 **Leclerc** (Sébastien). Son portrait, d'Odieuvre, les Ambassadeurs de Siam, les Conquêtes du roi, 13 p.; Colbert aux Gobelins, Alexandre-le-Grand, 4 p. En tout 20 p.

27 **Leroux.** Sainte Catherine, d'ap. Raphaël. — Vierge du musée de Parme, d'ap. Corrége, 2 p. Très-belles. Toute marge.

28 **Lesueur** (D'ap.). Alexandre malade, boit la potion de Philippe, son médecin, auquel il fait lire la lettre accusatrice de Parmenion, par B. Audran.

29 **Levilly.** C'est inconcevable. — Faites la paix. 2 p. rondes in-4 en bistre. Toute marge. Costumes du Directoire.

30 **Lithographies** de Charlet, Gavarni, Raffet, Carle et Horace Vernet, etc. 26 p.

31 — Les artistes contemporains et autres, d'ap. Bonnington, Felon et autres. 25 p. superbes.

32 **Lucas de Leyde.** Ecce Homo. Copie.

33 **Marillier** (D'ap.) et autres. Vignettes sur bois, de H. Monnier, etc. 32 p.

34 **Mellan.** Titres de la Bible. — de Virgile et autres. 5 p. in-fol.

35 **Mitelli** (G.- M.). Qui veut contenter tout le monde ne contente personne. 6 p. in-4. (Le Meunier, son Fils et l'Ane).

36 **Moreau** (le jeune), 1778. Tombeau de J.-J. Rousseau, dans l'île des Peupliers, à Ermenonville. In-fol. Très-belle ép. Très-grande marge.

37 **Née** et **Masquelier**, 1774. Les garants de la félicité publique. Allégorie pour l'avénement au trône de Louis XVI et Marie-Antoinette. Très-belle ép. in-fol. Toute marge.

38 **Ornements** et autres. 18 p.

39 — Cartouches de Scotin, frises et arabesques, corniches, etc., de Charmeton. 15 p.

40 **Overbeeck** (D'ap.) et autres. Sujets religieux, Saints, etc. 12 p. Superbes ép. Toute marge.

41 **Pièces historiques** sur Louis XVI, in-8. 10 p.

42 — The royal Hunt. — The Frogs who wanted a king. 2 p.

43 — Dernier effort des Jacobins. — Grands envoyés des Jacobins. 2 p. in-4.

44 — tirées des Révolutions de Paris et autres. 32 p. in-8.

45 — Costumes militaires publiés par Bonneville. 15 p. et texte in-4. Tableau des assignats. 16 p.

46 — Luther devant Charles-Quint, Scènes de la Révolution, Convoi du général Foy, Arrivée à Chambord, Aspremonte, Garibaldi blessé, etc. 14 p. in-fol.

Lebouche 6

M. d. C. 10

Roux 7. Rey 7.

Manuel 5

[illegible] aux fortes [illegible]

Lemoigne 5

Deschamp 1 Lemoigne 3

R. 7.

Deschamp 1 50

Ollivier 6

Leb[illegible] 5 Hedouin Berand 5. Rouss[illegible] 7

Hoguet 10

Deschamps 3

47 — Club de la Révolution, Serment fédératif, Nouveau moyen de régénérer la France, Réception d'un marquis aux enfers, Il ôte aux nations le bandeau de l'erreur (Voltaire), Celui qui met un frein à la fureur des flots, sait aussi des méchants arrêter les complots, etc. 10 p. curieuses in-8.

48 **Pierre.** Mascarade chinoise à Rome, 1775, par l'Académie des arts. Eau-forte originale. In-fol. Belle ép.

49 **Prévost.** Vétérinaires militaires assemblés pour étudier la tête et le sabot du cheval, d'ap. Sollier. Petit in-fol. Rare.

50 **Rubens** (D'ap.). La félicité de la Régence. La Paix confirmée dans le ciel. L'Accouchement de la reine. 3 p. in-fol.

51 **Saint-Quentin** (D'ap.). Les garants de la félicité publique. Allégorie : Louis XVI et Marie-Antoinette sont conduits par la France au Temple de l'Immortalité. Très-belle ép. in-fol. Toute marge.

52 **Sujets** historiques. Adieux de Louis XVI. — Ouverture du club de la Révolution. — Quid rides : le Salon de la guénon. Pièce satyrique, d'ap. Boilly. — Costumes de Louis XIV, etc. 6 p.

53 — mythologiques et gracieux. B. Picart, Fialetti, etc. 32 p.

54 — religieux. Sainte Famille, etc. 8 p.

55 **Watteau** (D'ap.). Les habits sont italiens. — Sous un habit de Mezetin. — Le Château de cartes, d'ap. Chardin. 3 p.

56 **Vernet** (Carle). Chevaux, Chiens et autres, par et d'après. 33 p.

57 **Wiérix.** Scènes de la vie de Jésus. 2 p.

58 — La Vierge reçue au temple — et par C. de Mallery, la Cène et le Lavement des pieds. 3 p. in-8.

59 **Vignettes** anglaises, d'après Cattermole, Harding, Prout, etc. 24 p.

60 — anglaises et françaises, modes anciennes, etc. 62 p.

61 — pour la Bible, d'ap. Marillier. 24 p.

62 — d'ap. Marillier, Monnet, etc. 11 p.

63 — françaises pour Bernardin de Saint-Pierre et autres. 50 p.

64 Petits Sujets religieux, Vierge, copie de la Paix, de Maso Finiguerre, etc. 31 p.

65 Légende céleste, Titre, Prières en couleur. 11 p.

66 **Vues** de Paris, France et Étranger. 33 p.

67 — de la place Louis XV, château de Saint-Cloud, de Lyon et pont d'Avignon, de Silvestre. 5 p.

68 — d'Angleterre en couleur, etc. 30 p.

69 Diverses Écoles, Sujets d'enfants, Costumes, Vues, etc. 41 p. in-8.

[illegible] 5.

Lemaimau 4

Lemaignan 5

Robin 5.50 Deschamps 1

M. d. C. 10. Bishop 10.

Deschamps 1.

M. d. C. 6.

Roy 5. M. d. C. 3. Deschamps 2

Arbo 3

Capron 15

M.D.C. 5

Bishop. 10. ~~[illegible]~~ ~~1.50~~

R. 1 50

Berard 5

Nicole 2 50 . M.D.C. 5

Leboucher 3.

PORTRAITS

CLASSÉS PAR GRAVEURS

70 **Adam** (J.). Marie-Amélie. — M.-Clémentine. M.-Louise, — M.-Thérèse, la même, par *Mansfeld*. 6 p. in-8.

71 **Alix**. Aubert Dubayet, général en pied. In-fol., d'ap. *Boilly*.

72 **Audran** (B.). Molière, d'ap. *Mignard*. In-8. — Claude Cherier. In-4. 2 p.

73 **Barbié** (J.). Chevert. — Estaing. — Montcalm. 3 p. in-8.

74 **Beauvarlet**. J.-Ch. de Relongue, seigneur de la Louptière. In-8. Superbe ép., marge.

75 **Bein**. Pascal en pied. Grand in-4, d'ap. *Flandrin*, lettres à la pointe. Superbe ép., marge petit in-fol.

76 **Bonnart**. Duc de Bourgogne à cheval. — Luxembourg. — Jacques II, par *Trouvain*. 3 p.

77 **Boulanger**. Saint François de Sales. — David Laigneau, médecin. 2 p. in-4.

78 **Bry** (Th. de). Daniel Speckle, architecte. In-4.

79 **Carmona**. Collin de Vermont, peintre. In-fol.

80 **Chenay** (Paul). Victor Hugo de face. In-8. Superbe ép. sur chine, avec fac-simile de son écriture, 1860; marge in-4.

81 **Chereau**. Montaigne. In-4. Très-belle ép.

82 **Choffard**. Ch. Palissot, né à Nancy. 2 portr. différents, d'ap. *Monnet*. In-8. Très-belles ép.

83 **Chrétien.** Darcet. — Kant.ⁿ — Lesage. — Laplace et autres. 9 p.

84 **Claessens**, etc. Personnages de la Révolution. 7 p. in-8.

85 **Cochin.** Basan, Dalembert, Laplace, Marigny, Raynal et autres. 32 p. par et d'après.

86 **Colette.** Les Théâtres de Paris, d'ap. *Eustache Lorsay*. Portraits costumés d'acteurs et d'actrices en pied. 122 p. gr. in-8.

87 **Colinet.** Mme la comtesse Amélie de Boufflers en pied. In-fol.

88 **Coutellier.** Louis XVI. In-fol. 1789.

89 **Daullé.** D'Aguesseau. — Astruc. — Frédéric-Auguste III. — Lamoignon. — Pallu. — Seyxas. Thiboust. 7 p.

90 — Louis XV. — Puysegur. — J.-B. Rousseau. Grand in-fol. 4 p.

91 **Delaunay.** De Troy fils, peintre. Eau-forte pure avant toute lettre. Rare. Petit in-fol.

92 — Choiseul, Raynal, Sapho, Tasse. — Fontanieu, par *de Longueil* et par *Delvaux*. Gresset, Hauy, Piron, Riquet, Rollin. 10 p.

93 **De Marcenay.** B.-G. Sage. In-8, avant toute lettre.

94 — Jeanne d'Arc. In-8, d'après le tableau qui est à Orléans. Belle ép.

95 — Marquis de Mirabeau, dit l'ami des hommes, d'après *Aved*. In-fol. Marge.

96 — Henri IV. — Paoli. — De Thou. 3 p. in-9.

97 **Demarteau.** Portrait de Mme Geoffrin. Sanguine.

Nicole 6

Navau Piron
Buffon 3.50

Hougar 3. Gros 2.

Roussin 6. Rostan 12

Libouche 3

en 8 Nadau 3 50 Nicole 2 50
Buffon

Zelazier 10

en 8 Nadau 3 50
Buf. Dumas
3 50
Lamartine

Lebouche 5 Groj 3,75

Lind 12

Givelet

Groj 5. Lind 8

Lemeignen 4

Augé 30 ~~Lebo~~uche 5. Groj 6,75
Lebouche 4
Lebouche 4
Lebouche 3 Lind 5
Lebouche 4 Nicole 2 50

98 **Desmadryl.** Jules Janin, d'ap. *Champmartin.* Tirage in-fol. Très-belle ép.

99 **Desplaces.** Mlle Duclos, d'ap. *de Largillière.* In-fol.

100 **Desrochers.** Célébrités diverses. 68 p. Belles épreuves.

101 — Le duc du Maine. — C. de Beaumont, archev. de Paris. — Massillon, etc. 5 p.

102 **Deveria.** A. Dumas, Lamartine, Regnier, Vigny, etc. 5 p. in-fol. lithog.

103 **Drevet.** Cisternay du Fay. — Prince de Dombes, et autres. 4 p.

104 **Dupont** (Henriquel). Coiny. — Me Feuillet. — Rachel. — C. Vernet. 4 p.

105 **Dyck.** Érasme. — Vorsterman et d'après Stevens avec G.-H. Cachiopin, Montfort et autres. 13 p.

106 **Edelinck.** Saint Louis à genoux, d'ap. *Le Brun.* Grand in-fol.

107 — Bellièvre, Gherardi, d'Herbelot, Moreri et autres. 9 p.

108 **Elluin.** Rosalie Duplant, de l'Académie de musique. In-4.

109 **Esnauts** et **Rapilly** (Collection). Louis XVI. Le comte de Provence. — Comtesse d'Artois et autres Célébrités. 23 p.

110 **Ficquet.** Arioste. Avant toute lettre, marge.

111 — Corneille. — Descartes. 2 p.

112 — Eisen. — Cicéron. 2 p.

113 — Mme de Maintenon.

114 — Delacour Damonville. — Puffendorf. 2 p.

115 **Ficquet**. Fontenelle, Vadé et autre. 3 p.

116 — Tirés de la suite d'Odieuvre. 13 p.

117 — Voltaire, d'ap. *Latour*. Très-belle ép.

118 **François**. Héloïse en pied, d'ap. *Gleyre*. Sup. ép. sur chine, avant la lettre, grand papier.

119 — Louis Blanc. In-8, d'ap. *Mercury*, 1845. Sur chine, superbe ép.

120 **Gaillard**. Ch. de Beaumont, archev. — Grandjean, oculiste. Joly de Fleury. 3 p. in-fol.

121 **Galle**. Lipse et autres. 3 p. petit in-fol.

122 **Gaucher**. Piis. In-18, d'ap. François. Charmant petit portrait.

123 — Cervantes, Corneille, Fénelon, avant et avec la lettre. Louis XVI comme dauphin, Marie-Antoinette, Sicard, d'Estaing, etc. 21 p. 2 lots.

124 **Girard**. Talma, d'ap. *Gerard*. Petit in-fol.

125 **Guérin** (D'ap. J). Députés et Généraux de la Révolution, 1789. In-8. 13 p. superbes.

126 **Hollar**. Van der Borcht, Turc. 2 p.

127 **Houbraken**. Piercy de Northumberland et autres, 3 p. — Par Tanjé, Fagelius, Haren, Oeveren. En tout, 6 p.

128 **Ingres** (D'ap.). Comte de Bombelles en pied, par *Fournier*. — Walckenaer, par *Léon Noel*. 2 p. in-fol.

129 **Isabey** (D'ap.). Napoléon en costume du sacre. le grand Juge et autre, Marie-Louise. 4 p. avant la lettre.

130 **Janinet**. Mlle Colombe l'aînée, de profil. Ovale en couleur, in-8.

Lebouche 18

Lud 2. Grey 4. Lebouche 4

Nicole 1.25

Bishop. 10.
6 p

J. Lauma 10

Lebouche 3

Nadau 6.
Bisp

Lebouchet 4

Jensier 7. Fitch/. 2

Duplay 10 Roussin 5
Lebouch 3 Greg 1.50 M.D.C. 4. Hougar 2
Lebouchi 3

Greg 3 50

Lebouche 4

[illegible] 6

[illegible]

Nadar 3 50 Cirtjen 4
Dof.

Lebouchi 5

Lebouche 5 Jensier 9

131 **Lalive de Jully** (A.-L. de). Son portrait. In-4, d'ap. *Cochin*. Profil.

132 **Landry**. Henri IV. — De Mesmes. 2 p.

133 **Lasne** (Michel). Doublet. — Duperron. — S. Dupleix. — Henri VII. — Le Masle. — Denis Petau. — B. Tremblet sur son cénotaphe. 7 p.

134 **Laugier**. Chateaubriand. In-4. Superbe.

135 **Le Mire**. Jeanne d'Arc. In-12. Superbe ép.

136 — Louis XVI. In-8. Superbe ép.

137 — Louis XVI. In-4. Très-belle ép.

138 — Poullain de Saint-Foix. In-8. Superbe.

139 **Lépicié**. Capperonnier. — Catherine de Seine, épouse Dufresne, etc. 4 p. in-fol.

140 **Leu** (Th. de). L. Gaultier et autres, F. de Valois. H. de Gondy. — Gamache. — Beaugrand. — Louise de Lorraine, et autres. 18 p.

141 **Levachez**. Petion en couleur. — Le Pelletier. — Treilhard. — D. Dillon et autres.

142 **Lignon**. Le duc de Richelieu. — Louis-Philippe avant toute lettre. — Charles X, par *Garnier*. — Dreux-Brezé, par *Muller*. 4 p. in-fol.

143 **Martinet**. Pie IX. — Portrait d'homme, d'ap. *H. Vernet*, ovale. 2 p. petit in-fol. Superbes.

144 **Masson** (Ant.), 1683. Le vrai portrait de Mme Helyot. Grand in-8. Très-belle ép.

145 **Mellan**. Balzac. — Bentivoglio. — Gassendi. — Marolles, Molé et autres, 9 p.

146 **Moncornet**, Daret, Larmessin et autres. Célébrités diverses, 45 p.

147 **Monsaldy**. Mme Dugazon, d'ap. *Isabey*. Superbe ép. en couleur, in-8. Toute marge in-4.

148 **Morin**. Augustin de Thou (R. D. 77). Belle.

149 — Christophe de Thou (78).

150 **Nanteuil**. F. de Harlay Chanvallon, archevêque de Paris (R. D. 107). Belle ép.

151 — P. Dupuis. — Guebriandt. — Lalemant. — Lamoignon, 4 p.

152 **Nolin** 1688. Cl. F. Menetrier, savant jésuite. Petit in-fol. Très-belle ép.

153 **Odieuvre** (Collection d'). Femmes célèbres, 12 p.

154 — Célébrités diverses, 80 p.

155 **Pannier**. Racine, d'ap. *Edelinck*, in-8 dans un entourage. Superbe ép. sur chine, grand papier.

156 **Pauquet**. Nicolas I, empereur de Russie, en pied. Superbe ép. sur chine.

157 **Pelletier**. Mme la marquise de Sévigné. In-8 d'ap. *Lefèvre*.

158 **Regnault** (T. C.). E. Meissonnier, d'ap. lui-même, in-12. Marge in-8.

159 **Reynolds**. Évasion de M. de Lavalette, d'ap. *Horace Vernet*. Grand in-fol. avant la lettre.

160 **Reynolds** (D'ap.). Lord Cavendish et autres. 3 p.

161 **Roy**. Mira Brunet, célèbre acteur. — Massieu, sourd-muet. 2 p. in-8.

162 **Rubens** (D'ap.). Cicéron, Hippocrate, Platon, Sophocle, Socrate. 6 p.

163 **Saint-Aubin**. Joseph Pellerin, entouré de médailles. Petit in-fol. Belle ép.

164 — Célébrités diverses. In-8 et in-4. 25 p. Belles épreuves.

Nicole 2 25

Nicole 3.

Lemaignen 6

Delaunay 3 Beraldi 10

Lebouchi 3

Sensier 6 Delaunay 5

Bishop 6.

M.d.C. 4

Libouche 3

Walk. 8

Cutzm 9 Liv 1 50

Lid 3

Grò 5 Liv 5 Florgar 6

165 — Et autres divers. 20 p.

166 **Sand** (G.). Les Femmes. Portraits pour illustrer ses Œuvres. 16 p. grand in-8.

167 **Schmidt**. J. Bernouilly. In-4. Belle ép.

168 — Comte de Bruhl. Buste sur piédouche.

169 — Adrienne Lecouvreur. In-8. Belle ép.

170 — Coligny, Law, Lavigne, Perichon, etc. 6 p. in-8.

171 **Sergent**. Duguay-Trouin.—Henri IV.—Jeanne Laisné. — Poussin. 4 p. in-4, ovale en couleur.

172 **Testa** (A.). Auguste, Bernier, Darleux, Fontaine, Percier. 5 p. in-4. Toute marge.

173 **Vangelisty**. Buffon. In-4.—Armand de Bourbon Conti. 2 p.

174 — (Collect.) et autres. Magistrats, Militaires, etc. 24 p. in-4.

175 **Van Schuppen**. F. Pithou. — Thomassin de l'Oratoire. 2 p. petit in-fol.

176 **Vérité**. Bailly, Camus, Menou, etc. 7 p.

177 **Watelet**, d'ap. Cochin, d'Alembert, Rohan Guémené et autres. 7 p.

178 **Wierix**. Everardus Mercurianus IV, général des jésuites. In-8. Superbe.

179 **Wille**. Largillière, Mlle de Scuderi.—Wolff, etc. 5 p.

180 — Chicoyneau.—Lecat, 2e et 4e états.—Quesnay. 4 p. très-belles.

PORTRAITS

CLASSÉS PAR NOMS ET PROFESSIONS

181 **Bayle**, par Desrochers, Le Beau, Petit et autres. 5 p.

182 **Boileau**, Lafontaine, Racine. 16 portraits différents, petits formats et in-8.

183 **Cagliostro**. Portraits et vignette. 4 p. in-8.

184 **Dante** et son enfer. 2 p. in-4. Très-belles.

185 **Deshoulières**, par Ponce, Savart, Van Schuppen. 3 p. in-8.

186 **Favart** (Mme), par Chenu avant la lettre. — Par Flipart. 2 p. in-8.

187 **Franklin**, par Lebeau et autres. 5 p.

188 **François II**, par Th. de Leu, Desrochers, Odieuvre, Larmessin. 15 p.

189 **Gabrielle d'Estrées**, ovale en couleur avant toute lettre. Petit in-fol.

190 **Henri III**, roi de France, de Furne, Larmessin, Harrewyn, Pourrat et autres. 28 p.

191 **Jourgniac Saint-Meard**. Portrait du temps, rare, et par Dien. 2 p. in-8.

192 **Labruyère**. In-4 par Cathelin, in-8 par Folkema et autres. 4 p.

193 **Law**. Pièces historiques sur son système. 5 p.

194 **Louis XIII**, par Daret, Larmessin, Lochon, Moncornet. 3 différents, Muller, Picart, etc. 62 p. Pourra être divisé.

Nicole 3 50

M. D. C. 3.
M. D. C. 6 Nicole 3.50

Beraldi 10.

Bishop 10.

Cutren 6

[illegible] 6.

R 3. M. D. C 5.

Arbo 4 Rostain 8

Chiaram 8

Jennier 6

M.d.C. 2 Rey 10

M.d.C. 5

Bishop 10

Bishop. 10

Bishop 20
16p.

195 **Louis**, grand dauphin, par Gole, en pied, Bonnart et autres. 12 p.

196 **Malherbe** (Franç. de). 9 portraits différents.

197 **Materot** (Lucas), écrivain d'Avignon. Belle ép. rare.

198 **Molière**. Portraits différents. 9 p.

199 **Momoro**, premier imprimeur de la *Liberté Nationale* en 1789. In-8. Très-rare.

200 **Orléans** (Gaston d'), par Moncornet; 2 différents, d'ap. Van Dyck, et autres. 12 p.

201 **Philippe-Auguste**, par Desrochers et autres, 12 p. — Ph. le Bel, par divers, 9 p. En tout, 21 p.

202 **Rousseau**. Portraits différents. 8 p.

203 **Sévigné**. Suite de 25 Portraits sur chine. Collection Dalibon. In-8.

204 — Suite de 20 Portraits in-8. Collection Blaise.

205 — Portraits de diverses suites, Dien, Masquelier et autres, et 9 Vues de châteaux, 30 p.

206 **Thevet** (André) dans un encadrement orné. Belle pièce sur bois.

207 **Voltaire**. Portraits différents, et le Déjeuner de Ferney. 13 p.

208 **Washington**. Portraits différents. 5 p.

209 **Portraits** espagnols. Petit in-fol. 10 p.

210 — Anciens et modernes. In-4 et in-fol., par de bons graveurs. 43 p. 4 lots.

211 — Acteurs en rôles, anciens et modernes. 74 p. 2 lots.

212 — Actrices, la plupart lithogr. 40 p.

213 **Portraits**. Georges et Bourgoin. — Vigano. — Teresa Zambelli. 3 p. in-fol.

214 — Artistes peintres, Architectes, Sculpteurs. 36 p.

215 — Clergé, Papes, Cardinaux, 168 p. 2 lots.

216 — Femmes célèbres. 145 p. 2 lots.

217 — Littérateurs, Poëtes, etc. 260 p. 3 lots.

218 — Médecins, Chirurgiens, Savants. 25 p.

219 — Musiciens, gravés et lithogr. 35 p.

220 — Ch. Lameth, Petion, Viala, 3 p. en couleur. Barra, 4 p. in-8.

221 — Députés et Généraux de la Révolution, de la collection Bonneville et autres. 125 p. 2 lots.

222 — Reines : Élisabeth de Bourbon, par Moncornet et autres, 7 p. — Claude et Marguerite de Valois. En tout, 12 p.

223 — Rois de France : Henri IV, Louis XIV, Louis XVI, Marie-Antoinette, Famille de Bourbon jusqu'au duc de Bordeaux, Famille d'Orléans, Napoléon. 75 p.

224 — Célébrités diverses, Princes, Magistrats, Généraux, etc., etc. 324 p. 3 lots.

225 — lithographiés. In-4 et in-fol. 95 p. 2 lots.

226 — tirés de l'*Artiste*, gravés et lithogr. In-4. 25 p.

227 — de la Collection Blaisot. In-8. 47 p.

228 — Institut, par Boilly. Lithog. in-4. 14 p.

229 — Collection Delpech. 32 p. lithogr., in-8.

Lin Deschamps 4 50

Deschamps 9

Gros 4 Deschamps 1 50

Lemaignan 6

Deschamps 3 50 Lemaignan 10

Deschamps 1 50

Deschamps 2 50

Deschamps 1 50

Deschamps 3 50

Deschamps 2

230 **Portraits**. Collection Furne et autres. In-8. 69 p. — 4

231 — Galerie de la Presse. 28 p. lithogr., in-4. — 2.50 Vig

232 — A. Tardieu : Botanistes, Savants. 61 p., petit papier. — 3

233 — de la même collection. 41 p., grand papier. — 4 Vig

234 — Collection du *Corsaire*, par Vigneron : Acteurs et Actrices. 44 p. lithogr. Belles ép. Toute marge. — 3.50

235 — Hommes utiles. In-8. 100 p. — 3.50

151 – 138 – 119 — 1.50

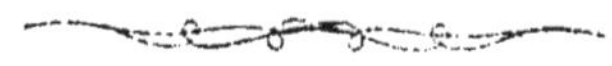

Vve RENOU, MAULDE et COCK, imprs de la Compagnie des Commissaires-Priseurs, rue de Rivoli, 144. 36568

41 %

65 Etranger	4 85		1027 75
366 France a 5c	18 30		
178 Paris	8 90		
144 Larquier	6		
	38 05		

5 Mains chemises	7 50
Transport a l'hotel	2 50
Honoraires 10 %	102 75
	150 80
	271 80
	422 60

Affiches et afficheur 75 petites	29 10	
Insertion au Moniteur des ventes	11 40	
Declaration de vente	2 20	
Timbre du Proces verbal	3 60	
Enregistrement	40 55	
Versement en Bourse commune	32 40	
Honoraires	32 40	
Clerc et Crieur	12	
Location de la salle	24 55	
Catalogue	120 ..	
Commissionaire	5	
Gratification	10 ..	
	323 20	
deduction des 5 % des acquereurs	51 40	271 80
		755 95
		150 80
		605 15

www.ingramcontent.com/pod-product-compliance
Ingram Content Group UK Ltd.
Pitfield, Milton Keynes, MK11 3LW, UK
UKHW021316190726
13839UKWH00007B/1874